BEI GRIN MACHT SICH IHR WISSEN BEZAHLT

- Wir veröffentlichen Ihre Hausarbeit, Bachelor- und Masterarbeit

- Ihr eigenes eBook und Buch - weltweit in allen wichtigen Shops

- Verdienen Sie an jedem Verkauf

Jetzt bei www.GRIN.com hochladen und kostenlos publizieren

Bibliografische Information der Deutschen Nationalbibliothek:

Die Deutsche Bibliothek verzeichnet diese Publikation in der Deutschen National-bibliografie; detaillierte bibliografische Daten sind im Internet über http://dnb.d-nb.de/ abrufbar.

Impressum:

Copyright © 2020 GRIN Verlag
Druck und Bindung: Books on Demand GmbH, Norderstedt Germany
ISBN: 9783346239990

Dieses Buch bei GRIN:

https://www.grin.com/document/919402

Isabel-Nicole Werk

Erwachsenenbildung und lebenslanges Lernen im heutigen Zeitalter

GRIN Verlag

GRIN - Your knowledge has value

Der GRIN Verlag publiziert seit 1998 wissenschaftliche Arbeiten von Studenten, Hochschullehrern und anderen Akademikern als eBook und gedrucktes Buch. Die Verlagswebsite www.grin.com ist die ideale Plattform zur Veröffentlichung von Hausarbeiten, Abschlussarbeiten, wissenschaftlichen Aufsätzen, Dissertationen und Fachbüchern.

Besuchen Sie uns im Internet:

http://www.grin.com/

http://www.facebook.com/grincom

http://www.twitter.com/grin_com

Einsendepräsentation

Alternative C

SRH Fernhochschule

Modul: Pädagogische Psychologie
Studiengang: Wirtschaftspsychologie, B. Sc.

von
Isabel-Nicole Werk

Inhaltsverzeichnis

Abkürzungsverzeichnis

bspw.	beispielsweise
ebd.	ebenda
et al.	und andere
u. a.	unter anderem
v. a.	vor allem
Vgl.	vergleiche
VHS	Volkshochschule
z. B.	zum Beispiel

Abbildungsverzeichnis

1. Einleitung

Im Zuge der voranschreitenden Globalisierung und der sich immer schneller entwickelnden Informations- und Kommunikationstechnologie, ist das deutsche Bildungssystem gefragt, sich den international rapide modernisierenden Bildungssystemen anzupassen.[1] Im Rahmen dieser Umstände und insbesondere durch den demographischen Wandel, stehen wir vor neuen Herausforderungen, wie bspw. der sich schnell ändernden Arbeitswelt mit neuen Arten beruflicher Qualifizierung als auch den Prozessen der Individualisierung, die eine Transformation traditioneller Beziehungen und Kulturen mit sich ziehen.[2] Seit den 1960er Jahren entwickelt sich die Bedeutung lebenslanger Lernaktivitäten, dem sog. lebenslangen Lernen, zu einem wichtigen gesellschaftlichen Thema.[3] Dies hat auch die Politik erkannt und beginnt in diesem Zeitraum mit der Gestaltung von Perspektiven und Möglichkeiten zur außerschulischen (Weiter-)Bildung.[4] Aktuell mangelt es in diesem Bereich jedoch an Experten und Methoden, die speziell an die Lernbedingungen von Erwachsenen angepasst sind und die Transferlücke des Gelernten zur erfolgreichen Umsetzung in der Praxis schließen.[5] Auch das Lernen selbst wird in diesem Zusammenhang kaum gelehrt. Die Pädagogische Psychologie beschäftigt sich unter anderem mit dem Begriff des lebenslangen Lernens bzw. der Erwachsenenbildung und könnte in diesem Bereich Abhilfe schaffen. Im Folgenden wird zu eben dieser Thematik eine Präsentation vor den verantwortlichen Mitarbeitern des Bundesministeriums für Bildung und Forschung gehalten, in dem sämtliche theoretische Grundlagen der pädagogischen Psychologie erläutert und auf deren Basis Ratschläge für die Ausgestaltung von Erwachsenenbildung erarbeitet sowie an einem praktischen Beispiel verdeutlicht werden sollen. Im zunächst folgenden Grobkonzept werden die Inhalte der anschließenden Präsentation grob thematisiert.

---

[1] Vgl. *Mayer et al.* (Hrsg.) (2011), S. 324.
[2] Vgl. *Zwielehner* (Hrsg.) (2010), S. 6.
[3] Vgl. *Wahl* (Hrsg.) (2017), S. 11.
[4] Vgl. *Hof* (2009), S. 12-13.
[5] Vgl. *Wöltje/Egenberger* (1996), S. 200.

2. Grobkonzept

2.1 Erwachsenenbildung / Lebenslanges Lernen

Die Erwachsenenbildung beschäftigt sich mit lebenslangen Bildungsmaßnahmen von Erwachsenen, welche bis weit über die schulische Bildung hinaus gehen. Oft findet Erwachsenenbildung fernab von formellen Bildungseinrichtungen statt und begleitet den Menschen in seinem gesamten Lebensverlauf, vorzugsweise am Arbeitsplatz, an dem das Gelernte direkt umzusetzen versucht wird.[6] Sie geht davon aus, dass Erwachsene andere Lernziele verfolgen und andere Bedingungen für ihre Weiterbildung benötigen, als dies Kinder und Jugendliche tun.[7] Sie erforscht und erarbeitet daher spezifisch auf Erwachsene angepasste Methodiken und Theorien für die Umsetzung in der Praxis.[8] Während in der Kinder- und Jugendbildung der Lehrer volle Verantwortung über Lerninhalte und -methoden hat, steigt mit zunehmendem Alter von Erwachsenen das Bedürfnis nach Selbstverantwortung sowie selbstgesteuertem und -angeeignetem, in der Regel noch lebenszentrierterem Wissen.[9] Darüber hinaus fehlt den Kindern aufgrund der formellen, verpflichtenden Lernumgebung häufig die nötige intrinsische Lernmotivation, während Erwachsene sich in der Regel selbstmotiviert freiwillig in informeller Umgebung weiterbilden, oftmals um die Fähigkeiten und Ressourcen zu erwerben, die ihnen, häufig kurzfristig, in alltäglichen Problemsituationen und deren Bewältigung weiterhelfen können.[10] Des Weiteren nehmen im Alter die individuellen Unterschiede zwischen Menschen zu. Die größere Lebenserfahrung bei Erwachsenen, die sie als die wichtigste Ressource für das Lernen heranziehen können, führt außerdem dazu, dass diese eine noch heterogenere Gruppe mit noch individuelleren Eigenschaften darstellen, welche es zur Schaffung von angemessenen Lernbedingungen zu berücksichtigen gilt.[11]

---

[6] Vgl. *Schellhammer* (2017), S. 11-12.
[7] Vgl. *Nühlen* (2010), S. 39-40.
[8] Vgl. *ebd.*
[9] Vgl. *Knowles* (2007), S. 56-61.
[10] Vgl. *Arnold* (1996), S. 192.
[11] Vgl. *Schwarzer* (2007), S. 16.

2.2 Theoretische Grundlagen der pädagogischen Psychologie

Die Pädagogische Psychologie beschäftigt sich grundsätzlich mit der Erforschung, Erklärung, Veränderung und Optimierung des Erziehungs- bzw. Lern-Lehr-Prozesses.[12] Sie setzt sich aus verschiedenen Teildisziplinen zusammen: der Entwicklungspsychologie, Lernpsychologie, Sozialpsychologie und Persönlichkeitspsychologie.[13] Innerhalb dieser Bereiche werden Fragen rund um das Lernen geklärt, wie z. B. wie das Lernen richtig funktioniert, wieso ein Mensch lernt, welche Einstellung ein Mensch zum Lernen einnehmen kann und welche Bedingungen erforderlich sind, um dem Menschen das Lernen so optimal und effektiv wie möglich zu gestalten. So gibt es sowohl für das Lernen als auch für den Prozess des Lehrens gewisse Grundfaktoren, die Einfluss auf den jeweiligen Erfolg dieser Vorgänge ausüben, wie bspw. die eigene Motivation, das Umfeld, das Interesse, die allgemeinen kognitiven und emotionalen Voraussetzungen oder auch die Persönlichkeit des Lernenden bzw. des Lehrenden.[14] Die folgenden Erläuterungen beschränken sich dabei auf die theoretischen Grundlagen des Lernens.

2.3 Grundlagen des Lernens

In der gängigen Literatur existieren viele Definitionen des Begriffs „Lernen". Im Allgemeinen lässt sich feststellen, dass Lernen einen Prozess beschreibt, der im Zuge der Aneignung von Wissen, Einstellungen, Gewohnheiten und Fähigkeiten eine Verhaltensänderung beim Lernenden mit sich zieht.[15] Lernen kann dabei als Produkt, Prozess oder Funktion fungieren und bewusst herbeigeführt werden oder unterbewusst im Rahmen der automatischen menschlichen Entwicklung vonstattengehen.[16] Lernen stellt den Menschen, der diese Änderung individuell und nur für sich vollzieht in den Mittelpunkt und wird daher auch als intrapsychischer Prozess bezeichnet.[17]

---

[12] Vgl. *Steinebach/Süss/Kienbaum/Kiegelmann* (2016), S. 10.
[13] Vgl. *Woolfolk Hoy/Schönpflug* (2008), S. 31.
[14] Vgl. *Roth* (2004), S. 500.
[15] Vgl. *Knowles* (2007), S. 10-11.
[16] Vgl. *Knowles* (2007), S. 12.
[17] Vgl. *Knowles* (2007), S. 13.

2.4 Lerntypenbestimmung

Der Bildungstheoretiker Kolb postuliert, dass man bei dem Erwerb von Wissen durch Lernen vier verschiedene Lerntypen unterscheiden kann.[18] Die Divergierer beobachten reflektiert und präferieren es, konkrete Erfahrung zu sammeln. Die Assimilierer bevorzugen ebenfalls reflektiertes Beobachten, lernen jedoch gleichermaßen gut indem sie abstrakte Begriffe bilden. Die Konvergierer bilden ebenso abstrakte Begriffe, können jedoch auch durch aktives Experimentieren lernen. Die Akkomodierer lernen am besten durch das Sammeln konkreter Erfahrungen und das aktive Experimentieren. Innerhalb eines Lernprozesses kann es für Lernende hilfreich sein, ihren Lerntypen herauszufinden. Lehrende können diese Theorie bspw. bei der Planung eines Workshops nutzen, um Methoden vorzubereiten, die möglichst verschiedene Lerntypen abdecken.

2.5 Lernzielbestimmung

Lernziele geben an, welche Ergebnisse die Lernenden nach einem Lehr- bzw. Lernprozess erreicht haben sollten. Dabei lassen sich die Lernzieldimensionen in drei Bereiche gliedern:[19] Kognitive Lernziele, Affektive Lernziele und Psychomotorische Lernziele. Es sollten vor allem die kognitiven Lernziele so genau wie möglich formuliert werden. Zur Unterstützung bietet sich hierfür die Anwendung der sog. Lernzieltaxonomie nach Bloom et al. an, die sechs Grundziele aus dem kognitiven Bereich aufstellt und somit eine konkrete Unterteilung von Aufgabenstellungen nach Schwierigkeitsgrad ermöglicht.[20] Für eine Lehrveranstaltung lässt sich mit diesem Schema bspw. das kognitive Niveau bestimmen. Anderson und Krathwohl entwickelten eine modifizierte Fassung der Taxonomie nach Bloom, die einen stärkeren Fokus auf die zu erwerbenden Kenntnisse des Lernenden legen.[21] Sie ordnen die vier von ihnen identifizierten Wissensarten sowie sechs kognitive Lernzielkategorien mit ansteigender Schwierigkeitsstufe in eine Matrix, in welcher die Lernziele einer Lehrveranstaltung konkreter klassifiziert werden können.[22] Bei der Ausschreibung von bspw.

---

[18] Vgl. *Humpl* (2004), S. 131-132.
[19] Vgl. *Tippelt/von Hippel* (Hrsg.) (2018), S. 1413.
[20] Vgl. *Bloom et al.* (1956)
[21] Vgl. *Anderson/Krathwohl* (2001)
[22] Vgl. *Baumgartner* (2011), S. 41.

Weiterbildungen können die Ergebnisse dieser Matrix dazu benutzt werden, um den Erwachsenen eine Vorstellung davon zu geben, was sie inhaltlich erwartet und welche Leistungen von ihnen gefordert werden.

2.6 Phasenmodell des selbstregulierten Lernens

Das Bedürfnis und die Fähigkeit der Selbststeuerung beim Lernen nimmt von der Kindheit bis über das Erreichen der Volljährigkeit hinaus stetig zu.[23] Um diesen Vorgang besser zu verstehen, wird hier ein geeignetes Modell näher erläutert. Das sog. Phasenmodell des selbstregulierten Lernens beschreibt einen zyklischen Prozess, der drei verschiedene Phasen durchläuft:[24]

1. Präaktionale Phase (Vorbereitungs- bzw. Planungsphase)
2. Aktionale Phase (Handlungsphase)
3. Postaktionale Phase (Reflexionsphase)

In der ersten Phase analysiert der Lernende die zu bearbeitenden Aufgaben, beginnt die Setzung seiner Lernziele, beurteilt seine Ressourcen und plant seine Lernstrategien. In der zweiten Phase werden die Strategien umgesetzt und mithilfe der vorhandenen Ressourcen werden Fähigkeiten und Wissen erworben. In der dritten Phase überprüft der Lernende die erreichten Ziele, die vergangenen Prozesse sowie die Planung und Durchführung des gesamten Zyklus. Diese drei Schritte unterliegen einer ständigen Selbstkontrolle und Anpassung durch den Lernenden, um seinen Lernprozess stetig in seiner Effektivität zu optimieren.[25] Wird dieser sog. Lernkreis wiederholt, vertieft und verbessert sich das Gelernte.

2.7 Praktisches Beispiel

Aufgrund der erwachsenenspezifischen Merkmale im Rahmen des Lernens werden Lernkonzepte benötigt, die es verstehen, die individuellen Unterschiede und Vorkenntnisse zu berücksichtigen und es den Lernern gleichermaßen zu ermöglichen, das Gelernte für eine leichtere Orientierung in ihrem Leben nutzen

---

[23] Vgl. *Knowles* (2007), S. 56.
[24] Vgl. *Heckhausen/Heckhausen* (Hrsg.) (2018), S. 583.
[25] Vgl. *ebd.*

zu können.[26] Als Beispiel sei an dieser Stelle ein 3-tägiger Workshop an einer Volkshochschule zum Thema „Grundlagen moderner Mitarbeiterführung" genannt. Anhand einer Agenda mit groben Angaben zu Inhalten und Methoden bzw. Vorgehensweisen des Workshops soll beispielhaft gezeigt werden, wie Erwachsenen neue Thematiken beigebracht werden können. Die Erwachsenen werden in Kleingruppenarbeit selbstreguliert an einem Projekt arbeiten, um dessen Ergebnisse am Nachmittag des 3. Tages gemeinsam in 4er-Gruppen vorzustellen. Für einen erfolgreichen Transfer des zuvor Gelernten sollen die Erwachsenen innerhalb dieses Projekts die bisher vorherrschenden Führungsstile eines vorgegebenen Fallbeispiels analysieren sowie Stärken, Schwächen und Verbesserungsvorschläge unterbreiten. Außerdem sollen sie in Verbindung hierzu ein Konzept erarbeiten, das aufzeigen soll, welche Maßnahmen zur Motivation der Kollegen bzw. unterstellten Mitarbeiter im Fallbeispiel zu einer Verbesserung der Kommunikation und des Arbeitsklimas führen können. In diesem Zuge soll weiterhin der Ablauf eines konstruktiven Feedback-Gespräches konstruiert werden. Im Workshop werden Methoden verwendet, die sowohl die verschiedenen Lernstile und -typen abdecken und das Bedürfnis nach selbstreguliertem Lernen und Gestalten von Ergebnissen ausfüllen.

3. Fazit & Ausblick

Der Begriff der Erwachsenenbildung bzw. des lebenslangen Lernens hat längst Einzug in die Literatur und Politik gefunden. Gleichermaßen lässt sich jedoch feststellen, dass es hierzulande noch an erfolgreichen Umsetzungsmaßnahmen fehlt. Problematisch scheint vor allem, dass sich außerschulische Weiterbildungsmaßnahmen zu oft nicht an den Bedingungen einer idealen Lernumgebung für Erwachsene orientieren. Es fehlen Experten, die es verstehen, den Erwachsenen und seine Kompetenzen für selbstorganisiertes Lernen in den Mittelpunkt zu stellen. Zusammenfassend lässt sich sagen, dass für eine erfolgreiche Umstrukturierung des nationalen Bildungssystems zukünftig mehr Investitionen in die Ausbildung solcher Experten sowie in die Ausgestaltung eines breiteren, individuell gestaltbaren Weiterbildungsangebots notwendig sind, um

---

[26] Vgl. *Nühlen* (2010), S. 48.

den Fokus auf selbstregulierte Lernprozesse im Rahmen des lebenslangen Lernens nach der schulischen Ausbildung weiter auszubauen.

4. Präsentation

Erwachsenenbildung / Lebenslanges Lernen

Eine Präsentation für das Bundesministerium
für Bildung und Forschung, Berlin

Isabel-Nicole Werk

Pädagogisch-psychologische Beraterin
Spezialisierung: Erwachsenenbildung

Februar 2020

Inhaltsverzeichnis

1. Einleitung

- Globalisierung, schnelle technische Entwicklung/Digitalisierung, demographischer Wandel => Anpassung nationaler Bildungssysteme notwendig

- Anforderung an Individuen wächst (v. a. im beruflichen Alltag)

- Fähigkeit zur Selbststeuerung & Bereitschaft zur Weiterbildung werden immer mehr zum Auswahlkriterium

- Lebenslanges Lernen gewinnt seit 1960ern an Bedeutung; Begriff "Erwachsenenbildung" -> Einzug in Literatur

- Politik fördert verstärkt außerschulische Bildungsmaßnahmen

- Mangel an Experten & Methoden zum erfolgreichen Wissenstransfer

- Transfer des Gelernten in vielen Angeboten der Erwachsenenbildung kein Kriterium

➔ Problem einer Transferlücke zwischen Gelerntem & Umsetzung in der Praxis

2. Erwachsenenbildung / Lebenslanges Lernen

- beinhaltet alle Bildungsmaßnahmen für Erwachsene nach schulischer Bildung

- Erwachsene bevorzugen Aneignung von Fähigkeiten für private oder berufliche Problemlösung

- brauchen ein "warum"/einen Sinn für Weiterbildung

- reichhaltigere, weniger lineare Lernbiographie[1]

- hohes Bedürfnis nach Selbstregulierung beim Lernen/Aneignung von Wissen

- intrinsische Motivation & Freiwilligkeit höher als bei Kindern und Jugendlichen

- größere Lebenserfahrung => höhere Individualität => heterogene Gruppe

- Selbstbestimmung & Wahlfreiheit des Themas, der Lernziele und –orte

3. Theoretische Grundlagen der pädagogischen Psychologie

- Erforschung, Erklärung, Veränderung, Optimierung des Lern-Lehr-Prozesses

- Teildisziplinen: Entwicklungs-, Lern-, Sozial-, Persönlichkeitspsychologie

- Untersuchung Einflüsse Lernender & Lehrender in diversen Umwelten

- Schaffung optimaler Lern- und Lehrbedingungen

- Klärung beeinflussender Grundfaktoren auf lernende/lehrende Person (Motivation, Umfeld, kognitive/emotionale Voraussetzungen, Persönlichkeit)

- Vermittlung von Strategien, Handlungsmöglichkeiten für Optimierungen

- Erkenntnisse zu Erziehung, Beratung, Interventionen, (Bildungs-)Programme inkl. Empfehlungen zur Umsetzung[2]

4. Grundlagen des Lernens

- Erwerb neuen Wissens, Einstellungen, Gewohnheiten und Fähigkeiten
- intrapsychischer Prozess, der Verhaltensänderung beim Lernenden bewirkt[3]
- Bildung neuer neuronaler Netze, insb. im limbischen System
- neue Informationen beim Lernen durch Stufenverarbeitungsprozess in bestehende neuronale Strukturen integriert[4]

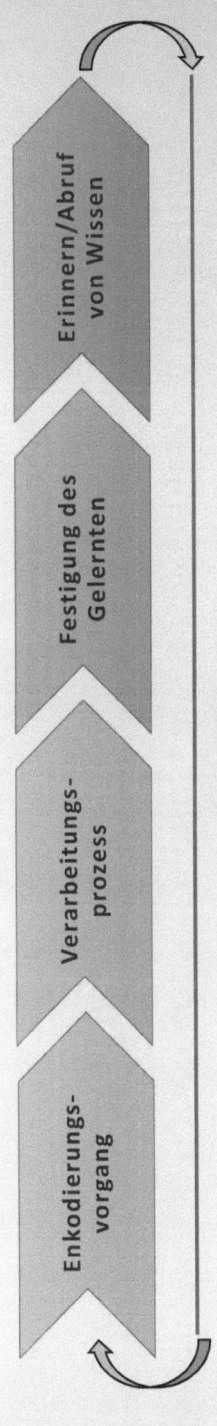

Abbildung 1: Stufen der Informationsverarbeitung
Quelle: Eigene Darstellung, in Anlehnung an *Brand/Markowitsch* (2009), S. 72.

4. Grundlagen des Lernens

- Emotionen haben großen Einfluss auf Gedächtnis- und Erinnerungsleistung[5]
- Drei Wissensarten in der pädagogischen Psychologie:[6]

Deklaratives Wissen

- Fakten- und Begriffswissen
- Wissen über Sachverhalten
- Wissen über Zusammenhänge, Kategorien, Regeln
- kann sprachlich wiedergegeben werden

Prozedurales Wissen

- Verfahrenswissen
- Wissen über (automatisierte) Prozesse/Prozeduren
- Wissen über Abläufe/Reihenfolgen
- typischerweise automatisiert und nicht direkt „berichtbar"

Metakognitives Wissen

- Wissen über eigene kognitive Funktionen
- Wissen über eigenes Lernen, Verstehen, Denken
- Wissen über eigene Lernstrategien und Lernverhalten
- kann sich auf deklaratives oder prozedurales Wissen beziehen

Abbildung 2:   Drei Wissensarten der pädagogischen Psychologie
Quelle: Eigene Darstellung

5. Lerntypenbestimmung nach Kolb[7]

- 4 Grundtypen bzw. -stile von Lernenden, die Kolb in einem Lernkreis darstellt[8]

- Lernkreis sollte wiederholt werden, um Wissen zu vertiefen/verbessern

- Jeder sollte seinen Lernstil kennen, im Lernkreis aber auch die anderen Stile durchlaufen

- hilfreich für abwechslungsreiche Gestaltung von Lehrveranstaltungen

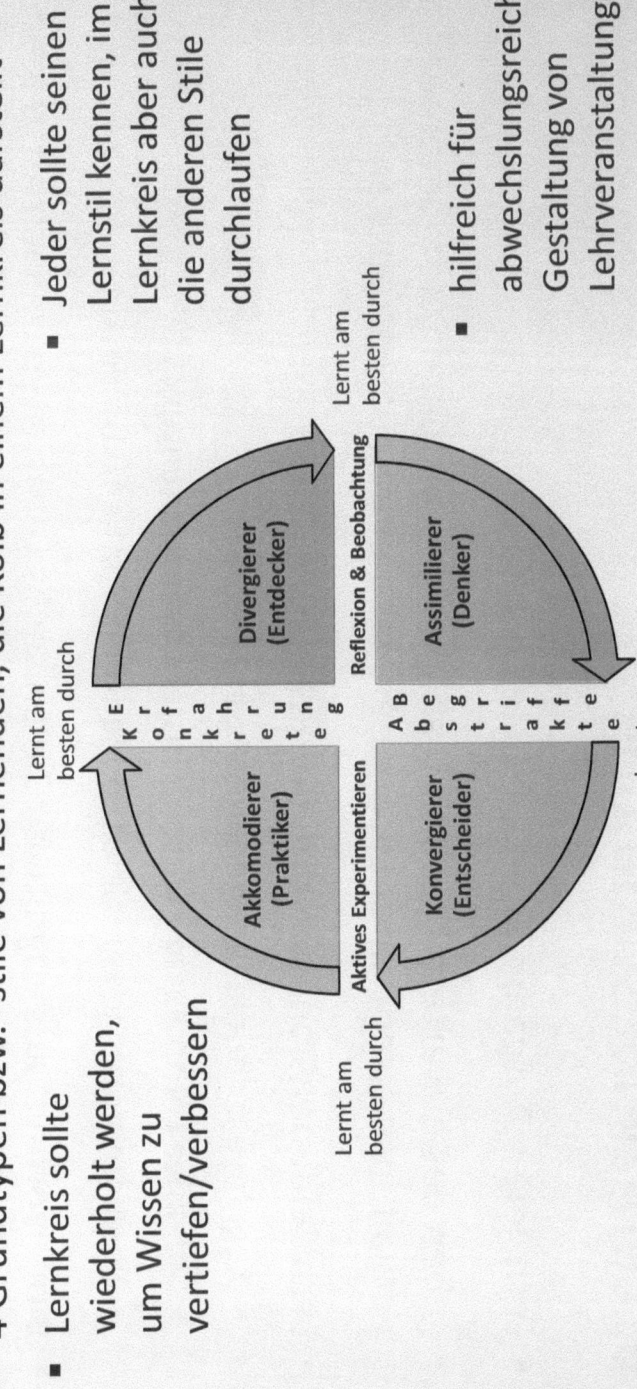

Lernt am besten durch

Lernt am besten durch

Lernt am besten durch

Lernt am besten durch

Divergierer (Entdecker)

Assimilierer (Denker)

Reflexion & Beobachtung

Akkomodierer (Praktiker)

Konvergierer (Entscheider)

Aktives Experimentieren

Konkrete Erfahrung

Abstrakte Begriffe

Abbildung 3: Lernkreis nach Kolb
Quelle: Eigene Darstellung, in Anlehnung an *Quilling* (2015), S. 4.

8

6. Lernzielbestimmung

- Lernziele = Ausgangspunkt eines Lehr- und Lernplans

- geben das erwartete Ergebnis (Fähigkeiten/Leistungen/Kompetenzen/ Verhaltensweisen) eines Lernenden nach einem Lernprozess an

- Lernzieldimensionen in drei Bereiche aufteilbar:

  - Kognitive Lernziele (Verstehen/Wissen/Kennen)

  - Affektive Lernziele (Interessen/Einstellungen/Haltungen)

  - Psychomotorische Lernziele (Können/Beherrschen/Koordinieren)

- Bloom ordnet aus kognitiven Zielen sechs Lernzieltypen nach ansteigender Komplexität:[9]

  - Wissen/Kenntnisse, Verstehen, Anwenden, Analyse, Synthese, Evaluation/Bewerten

6. Lernzielbestimmung

- Anderson/Krathwohl entwickeln auf dieser Basis vier Wissensdimensionen & sechs kognitive Lernzielkategorien/Denkstufen in Matrixform (Lernzieltaxonomie)[10]

- hilfreich für Bestimmung von Niveau- und Prozessstufen eines Lehr- und Lernprozesses

Wissensdimension	Dimensionen des kognitiven Prozesses					
	Erinnern (Wissen)	Verstehen (Ergründen)	Anwenden	Analyse	Bewerten	Erschaffen (Synthese)
Faktenwissen						
Konzeptwissen						
Prozedurales Wissen						
Metakognitives Wissen						

Abbildung 4:   Dimensionen der kognitiven Prozesse
Quelle: Eigene Darstellung, in Anlehnung an *Anderson/Krathwohl* (2001)

7. Phasenmodell des selbstregulierten Lernens

- Selbstreguliertes Lernen = Person ergreift abhängig von eigener Lern-motivation selbstgesteuerte Maßnahmen um Lernprozess zu beginnen

- Beherrschung der Methode Voraussetzung für lebenslanges Lernen

- besteht stets aus kognitiver, motivationaler & metakognitiver Komponente

- Lernhandlung = zyklischer Prozess, in dem Ergebnis der vorherigen Handlung die Zielsetzung der nächsten Handlung beeinflusst

- Lernender wählt Thema, Zeit, Ort und Strategien selbst

- Lehrende sollten wissen, wie man Kompetenzen dazu gezielt fördert

- fortlaufende Selbstüberwachung und –anpassung des Lernprozesses

- Wiederholung des Lernzyklus = Verbesserung & Vertiefung des Gelernten

7. Phasenmodell des selbstregulierten Lernens[11]

- einzeln und in Gruppen anwendbar (kooperatives Lernen)
- steigert Motivation & Selbstwert
- in Weiterbildungen als Instrument nutzbar (d. h. nicht zwangsläufig ausschließlich selbstgesteuert)

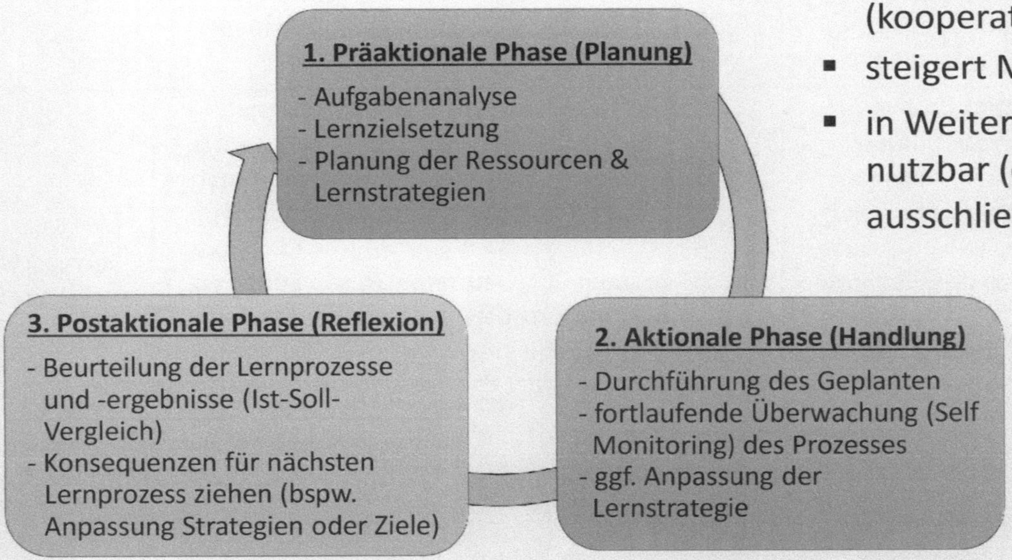

1. Präaktionale Phase (Planung)
- Aufgabenanalyse
- Lernzielsetzung
- Planung der Ressourcen & Lernstrategien

2. Aktionale Phase (Handlung)
- Durchführung des Geplanten
- fortlaufende Überwachung (Self Monitoring) des Prozesses
- ggf. Anpassung der Lernstrategie

3. Postaktionale Phase (Reflexion)
- Beurteilung der Lernprozesse und -ergebnisse (Ist-Soll-Vergleich)
- Konsequenzen für nächsten Lernprozess ziehen (bspw. Anpassung Strategien oder Ziele)

Abbildung 5: Phasenmodell des selbstregulierten Lernens
Quelle: Eigene Darstellung, in Anlehnung an *Zimmermann, B. J.* (2000)

8. Praktisches Beispiel

- 3-tägiger Workshop – "Grundlagen moderner Mitarbeiterführung" (VHS)
- Gerichtet an "frischgebackene" Führungskräfte (12 Teilnehmer + 1 Moderator)

Uhrzeit	Inhalt	Methode
Tag 1 09:00 –09:45 Uhr	- Begrüßung des Moderators aller Teilnehmer - jeder Teilnehmer stellt sich kurz vor (mit Erklärung des Grundes der Teilnahme am Workshop) - Erläuterung Zeitplan & Arbeitsmittel - Definition Ziele & gewünschte Ergebnisse des Workshops - Definition Ziele für Umsetzung in der Praxis	- Agenda für Tag 1 auf Whiteboard (jederzeit sichtbar) - Arbeitsmittel liegen aus (Karten, Poster, Schreibblöcke, Stifte) - Ziele/Ergebnisse auf Hand Outs ausgeteilt (zur ständigen Visualisierung) - Teilnehmer bekommen gebundene Hefte mit kompletten theoretischen Inhalten
09:45 - 10:45 Uhr	- Bedeutung, Ziele (und ihre Definition) und Aufgaben der Mitarbeiterführung	- zu jedem Unterpunkt kurzer Meinungsaustausch (Blitzlicht-Methode) - Präsentation theoretischer Grundlagen durch Moderator
10:45 - 11:45 Uhr	- Motivationsinstrumente & Anwendung	- Brainstorming (jeder nennt [Praxis-]Beispiele)

8. Praktisches Beispiel

Uhrzeit	Inhalt	Methode
11:45 - 12:45 Uhr	- Mittagspause (gr. Pause)	- gemeinsam in Kantine der VHS
12:45 - 14:00 Uhr	- Zeitgemäßes Führungsverhalten - Zusammenhang zwischen Führungsverhalten und Mitarbeitermotivation	- Gespräch mit Teilnehmern zu Erfahrungen zum Thema - Clustering-Methode: Teilnehmer werfen Einfälle ein, Moderator entwirft Cluster auf Whiteboard - Moderator stellt theoretische Grundlagen vor
14:00 - 14:30 Uhr	- Kaffee/Tee und Kuchen/Obst (kl. Pause)	- alle gemeinsam im Foyer
14:30 - 16:00 Uhr	- Führungsstile und moderne Führungsinstrumente für die Praxis	- Erstellung Metaplan mit Führungsstilen als vorgegeben (Teilnehmer füllen in 4er-Gruppen Karten aus mit Merkmalen zu Führungsstilen) - Moderator stellt Instrumente vor (Präsentation) - Teilnehmer geben einzeln (Selbst)Einschätzung ab (Wie führe ich/wie führen meine Kollegen bisher?)
ab 16:00 Uhr	- Ende Tag 1	- kurze gemeinsame Feedbackrunde zum Tagesablauf

8. Praktisches Beispiel

Uhrzeit	Inhalt	Methode
Tag 2 09:00 - 09:15 Uhr	- kurze Wiederholung der am Vortag behandelten Themen auf zusammenfassenden Folien	- Gespräch und Quiz-Fragen des Moderators zu den Schwerpunkten von Tag 1 - Agenda für Tag 2 auf Whiteboard
09:15 - 10:45 Uhr	- Erfolgreich kommunizieren - Anwendung lösungsorientierter Gesprächstechniken	- Vorstellung theoretischer Grundlagen des Moderators & Beispielen aus der Praxis - anschl. Rollenspiel/Simulation mit vorgegebenen Situationen (in Partnerarbeit)
10:45 - 12:00 Uhr	- Aufbau einer Feedback-Kultur - Inhalte, Aufbau, Ablauf Mitarbeiter- und Feedbackgespräche	- Präsentation theoretischer Grundlagen - 3er Gruppen: jeder denkt an einen realen Kollegen und skizziert ein Feedback als Feedbackgeber
12:00 - 13:00 Uhr	- Mittagspause (gr. Pause)	- gemeinsam in Kantine der VHS
13:00 - 16:00 Uhr	- Beginn Projektarbeit –> Vorstellung & Erklärung der Aufgabenstellung - anschließend Beginn Bearbeitungszeit bis 16:00 Uhr	- Fallbearbeitung in 4er-Gruppen: Analyse Führungsstile (Stärken/Schwächen), Verbesserungsvorschläge in Bezug auf Mitarbeiter(motivation), Motivationsmaßnahmen erarbeiten + Feedback-Gespräch konstruieren

8. Praktisches Beispiel

Uhrzeit	Inhalt	Methode
Tag 3 09:00 - 12:00 Uhr	- Bearbeitungszeit Projektarbeit	- selbstgesteuert und –reguliert innerhalb der Arbeitsgruppen - Moderator steht unterstützend zur Verfügung
12:00 - 13:00 Uhr	- Mittagspause (gr. Pause)	- gemeinsam in Kantine der VHS
13:00 - 14:00 Uhr	- weitere Bearbeitungszeit	- selbstgesteuert und –reguliert innerhalb der Arbeitsgruppen - Moderator steht unterstützend zur Verfügung
14:00 - 15:30 Uhr	- Vorstellung Ergebnisse	- Präsentation in 4er-Gruppen mit jeweils gewählter Visualisierung der Konzepte
15:30 - 16:00 Uhr	- Feedback-Gespräch - Verabschiedung aller Teilnehmer	- Kurze gemeinsame Zusammenfassung aller Inhalte - Feedback-Bogen wird verteilt & ausgefüllt

9. Fazit & Ausblick

- Lehr-Lern-Arrangement sollte so optimal wie möglich gestaltet werden (Zielgruppe "individueller Erwachsener" im Mittelpunkt der Planung)

- Kompetenzen für selbstorganisiertes Lernen sollten verstärkt gelehrt und in allen Bildungsbereichen ermöglicht werden

- mehr Fokus auf eigenverantwortliche, selbstständige Lerngestaltung des Lernenden

- Modelle & Methodenmix anwenden, um Lernstile und –typen abzudecken

- Attraktivität der Lernangebote steigern

- mehr Investitionen in breiteres Weiterbildungsangebot notwendig

- Abdeckung von mehr "Wissensfeldern" um schnell verändernden gesellschaftlichen und beruflichen Anforderungen begegnen zu können

- außerschulische Bildung sollte schneller, einfacher zugänglich sein

- mehr professionelle Orientierung notwendig → Investition in Ausbildung von Experten

12

Literaturverzeichnis Grobkonzept

Anderson, L. W./Krathwohl, D. R. (2001), A Taxonomy for Learning and Assessing, Boston.

Arnold, R. (1996), Weiterbildung. Ermöglichungsdidaktische Grundlagen, München.

Baumgartner, P. (2011), Taxonomie von Unterrichtsmethoden. Ein Plädoyer für didaktische Vielfalt, Münster.

Bloom, B. S./Engelhardt, M. D./Frost, E. J./Hill, W. H./Krathwohl, D. R. (1956), Taxonomy of educational objectives, Handbook I: Cognitive domain, New York.

Heckhausen, J./Heckhausen, H. (2018), Motivation und Handeln, 5. Aufl., Berlin.

Hof, C. (2009), Lebenslanges Lernen. Eine Einführung, Stuttgart.

Humpl, B. (2004), Transfer von Erfahrungen. Ein Beitrag zur Leistungssteigerung in projektorientierten Organisationen, 1. Aufl., Wiesbaden.

Knowles, M. S. (2007), Lebenslanges Lernen. Andragogik und Erwachsenenbildung, 6. Aufl., München.

Mayer, T./Meyer, R./Miliopoulos, L./Ohly, H. P./Weede, E. (Hrsg.) (2011), Globalisierung im Fokus von Politik, Wirtschaft, Gesellschaft. Eine Bestandsaufnahme, 1. Aufl., Wiesbaden.

Nühlen, M. (2010), Erwachsenenbildung und die Philosophie. Historischer Rückblick und die Herausforderung für die Zukunft, Berlin.

Roth, G. (2004), Warum sind Lehren und Lernen so schwierig? In: Zeitschrift für Pädagogik, Ausg. 50/4, S. 496-506.

Schellhammer, B. (2017), Wie lernen Erwachsene (heute)?, Eine transdisziplinäre Einführung in die Erwachsenenbildung, Weinheim/Basel.

Schwarzer, C. (2007), Lernen im Erwachsenenalter. In: Dokumente zur Weiterbildung und Internationalisierung an Hochschulen, Heft 5.

Steinebach/Süss/Kienbaum/Kiegelmann (2016), Basiswissen Pädagogische Psychologie. Die psychologischen Grundlagen von Lehren und Lernen, Weinheim/Basel.

Tippelt, R./von Hippel, A. (2018), Handbuch Erwachsenenbildung / Weiterbildung, 6. Aufl., Wiesbaden.

Wahl, J. (Hrsg.) (2017), Lebenslanges Lernen zwischen Bildungspolitik und pädagogischer Praxis. Die Verankerung in pädagogischen Arbeitsfeldern, Bielefeld.

Wöltje, U./Egenberger, U. (1996), Zukunftssicherung durch systematische Weiterbildung.

Woolfolk Hoy, A./Schönpflug, U. (2008), Pädagogische Psychologie, 10. Aufl., München.

Zwielehner, P. (2010), Aufgaben und Herausforderungen für die Erwachsenenbildung im 21. Jahrhundert, Wien.

Literaturverzeichnis Präsentation

1: *Schellhammer, B.* (2017), S. 17, Wie lernen Erwachsene (heute)?, Eine transdiziplinäre Einführung in die Erwachsenenbildung, Weinheim/Basel.

2: *Mienert, M./Pitcher, S.* (2011), S. 14-16, Pädagogische Psychologie. Theorie und Praxis des Lebenslangen Lernens, 1. Aufl., Wiesbaden.

3: *Knowles, M. S.* (2007), S. 10, Lebenslanges Lernen. Andragogik und Erwachsenenbildung, 6. Aufl., München.

4: *Brand, M./Markowitsch, H. J.* (2009), S. 72, Lernen und Gedächtnis aus neurowissenschaftlicher Perspektive. In: Herrmann, U. (Hrsg.): Neurodidaktik. Grundlagen und Vorschläge für gehirngerechtes Lehren und Lernen, 2. Aufl., Weinheim/Basel.

5: *Krapp, A.* (2005), Emotionen und Lernen – Beiträge der Pädagogischen Psychologie. Einführung in den Thementeil. In: Zeitschrift für Pädagogik, Ausg. 51/5, S. 603-609.

6: *Tippelt, R./Schmidt, B.* (Hrsg.) (2010), S. 74-75, Handbuch Bildungsforschung, 3. Aufl., Wiesbaden.

7: *Kolb, D. A.* (1985), Learning Style Inventory, Boston.

8: *Quilling, K.* (2015), S. 4, Lernstile und Lerntypen. In: https://www.die-bonn.de/wb/2015-lernstile-01.pdf, abgerufen am 02.02.2020.

9: *Bruns, B./Gajewski, P.* (2002), S. 29-30, Multimediales Lernen im Netz. Leitfaden für Entscheider und Planer, 3. Aufl., Berlin/Heidelberg.

10: *Anderson, L. W./Krathwohl, D. R.* (2001), A Taxonomy for Learning and Assessing, Boston.

11: *Zimmermann, B. J.* (2000), Attaining Self-Regulation: A social cognitive perspective. In: Boekarts, M./Pintrich, P. R./Zeidner, M. (Hrsg.): Handbook of Self-Regulation, San Diego.